UN RIEN

OU

L'HABIT DE NÔCES,

FOLIE ÉPISODIQUE.

AVERTISSEMENT.

On prévient le Public, qu'un grand nombre d'Auteurs dramatiques ayant cherché le moyen de parer aux contre-façons, s'est déterminé à faire exécuter un Cachet identique qu'il sera impossible d'imiter, et qui sera déposé au Bureau dramatique établi *rue Helvétius*, N.° 664, près celle Chabanais. Ce Cachet, la propriété des Auteurs, sera empreint sur chaque exemplaire. Mais ce moyen ne pouvant pas être d'une exécution très-prompte, on prévient, en attendant, que tous les exemplaires d'*Un Rien* ou *l'Habit de nôces*, et d'autres Pièces s'il y a lieu, seront signés du Fondé de pouvoirs des Auteurs dramatiques, à l'adresse ci-dessus indiquée.

Nota. Comme il pourroit se faire que les pièces de théâtre fussent contre-faites dans les Départemens, les Correspondans des Auteurs dans chaque Département sont invités à poursuivre, aux termes de la Loi, tout contre-facteur ou vendeur de contre-façons, s'il s'en découvre.

QUELQUES RÉFLEXIONS

Qui sont moins que rien.

Oh ! pour le coup j'espérais bien que la malignité la plus pénétrante et même la plus bête, ne trouverait pas moyen de faire ici des applications. Cette petite pièce n'a aucun rapport aux affaires publiques, passées, présentes et futures, absolument aucun rapport, me disais-je ; et les chercheurs d'allusions iront ailleurs se mettre martel en tête pour donner aux Auteurs l'esprit que les Auteurs n'ont pas.

Voyez quel guignon ! je m'avise de faire un tour dans la salle de l'Ambigu-Comique, le jour de la cinquième représentation d'*Un Rien ;* et voilà qu'un des beaux-esprits du jour, nonchalamment assis aux premières loges, s'avise de faire part à son voisin des importantes découvertes qu'il a faites dans mon *Rien.*

« Le *Cousin-Jacques* parle de la rigueur de la sai-
» son... allusion au régime actuel dont il se plaint.—
» Mais, Citoyen, la scène se passe dans l'hiver.—C'est
» égal, la pièce se joue dans l'été ; allusion ! allusion ! »

Je lève les épaules et je monte aux secondes loges. Une véritable *ci-devant*.... c'est-à-dire une ci-devant ravaudeuse, couverte de diamans et de *fournitures* de toute espèce, entend chanter à l'actrice :

« Le flambeau de la vie est-il prêt à finir ?
» Celui de l'amour le rallume !

« Bon dieu, s'écrie-t-elle ! il faut être bien méchant
» pour insulter ainsi au malheur ! Ce détestable *Cousin-*

» *Jacques* vient vous parler de *flambeau, d'allumettes*, » tandis qu'on est encore tout *stupéfait* du feu de » Lzezari! — Mais, Citoyenne, le feu n'avait pas pris » chez Lazzari quand on a joué la pièce. — C'est égal, » il fallait supprimer les allumettes; allusion! allu- » sion! »

Je sors du spectacle, pénétré d'admiration pour le génie et les lumières du *beau monde* d'à présent, et je cours à Feydeau; on jouait ce jour-là *Jean-Baptiste* pour la neuvième fois.

L'acteur qui ouvre la scène, chante sa romance: *O toi qui fis tout mon bonheur!* dont chaque couplet finit par le mot *image*; au troisième, après ces derniers vers:

» Observez avec vos enfans
» Le respect qu'on doit au jeune âge;
» Et sachez, vertueux parens,
» Vous honorer de votre image!

Une grosse élégante, ci-devant écaillère, qui remplissait toute la capacité d'une loge avec ses gros appas, fait un saut d'impatience, et faillit avec son gros derrière mettre en éclat tous les fauteuils *des environs*:

« Oh! mon dieu! que c'est bête! toujours nous » parler d'images! les capucins en donnaient autrefois, » des images.... »

A ce trait spirituel j'éclate de rire. La dame me reconnaît pour m'avoir vendu des huîtres; humiliée de ma présence, elle s'enferme dans sa loge, elle et son esprit.

Je reste néanmoins, et je pouvais encore l'entendre. Quand *Colas* quitte le théâtre, en disant: *les voleurs et les assassineurs, c'est ça que j' crains...* La grosse dame pousse son voisin, qui faillit avoir une côte enfoncée de la violence du coup.... « *Ah ben, oui, j'* » *crains ! j' crains ! gnia du crin à la queue d' nos* » *chevaux.* »

Oh ! pour cette fois je sentis que je n'étais pas de force, et je m'échappai en déplorant mon infériorité, tout désolé de n'avoir pas le talent nécessaire pour tenir tête à des spectateurs si riches en saillies, mais un peu consolé pourtant par le plaisir de voir que les quatre-vingt-dix-neuf centièmes des assistans partageaient mon mauvais goût et approuvaient mes bêtises.

Et ce sont de pareils gens qui s'en viennent cabaler et *tapager* aux premières représentations ! et peu s'en faut que le sort d'un Auteur ne soit à la merci de ces nouveaux Aristarques.

C'est précisément pour ne les pas effaroucher que je veux désormais choisir pour mes pièces les titres les plus modestes. Au moins, en me voyant donner *des Riens,* ils ne diront pas que j'ai prétendu donner *quelque chose;* et si leur gaîté sémillante s'exerce à mes dépens, elle n'ira probablement point jusqu'à cabaler; car ils rougiraient sans doute de faire du bruit pour *rien,* et de donner de l'éclat à des *bibus* qui n'en valent pas la peine.

Je regarde pourtant les couplets et les airs de cette petite pièce comme un peu plus que *rien;* et j'avoue (à ma honte s'il le faut) qu'ils me paraissent au moins aussi soignés, aussi neufs et aussi piquans que ceux de *Jean-Baptiste.* C'est sur-tout ce qui me décide à livrer cette bagatelle à l'impression. Je crois, sans afficher une trop haute prétention, que c'est une jolie pièce de remplissage, d'autant plus aisée à monter, qu'elle n'exige ni décoration, ni costume extraordinaire, ni aucun frais; il faut souvent de ces sortes d'ouvrages, aussi faciles à jouer qu'à mettre à la scène, qui puissent se placer sans embarras avant ou après une pièce importante, et de même faire diversion au *Quinola*, en le jouant entre amis dans les sociétés où l'on aime l'art de la comédie et du chant.

Je parle de chant; et cela me ramène à dire quelque chose de ma musique. Ma musique ! ce n'est pas là le mot, c'est tout au plus une *musiquette;* et je suis venu au monde tout exprès pour ajouter ce mot-là, par mon diminutif de talent pour la composition, au dictionnaire néologique de notre siècle.

Au reste, mes airs plaisent; on les chante par-tout; beaucoup d'amateurs les trouvent *gentils;* c'est tout ce que je veux. Je les crois naturels; on les dit originaux; c'est fort bien; je n'en demande pas davantage. *Grétry* m'a souvent répété de ne suivre en musique que mon imagination et mon cœur; mon pauvre *Le Moyne,* qui est presque mort dans mes bras, tout sévère et maussade qu'il était dans ses remontrances, souriait par fois aux airs que je lui chantais. Mais un homme, que j'aime infiniment, un homme, dont j'adore le talent, un homme, avec lequel de nombreux rapports d'esprit, d'état et de sentimens m'ont lié plus étroitement qu'avec beaucoup d'autres Artistes; un homme, qui joint à la qualité de littérateur vraiment instruit, celle d'un compositeur plein de grâce et d'expression ; un homme, que j'applaudis toujours à la scène avec un nouveau plaisir, et qui ne se doute pourtant ni du zèle que je lui marque, ni de ce que je dis de lui maintenant : c'est *Gaveaux*....

C'est avec *Gaveaux* que j'ai appris à donner à mes airs plus de régularité, à mes ritournelles plus d'expression, à mes premiers violons plus de grâces et d'originalité ; c'est avec *Gaveaux* que j'ai connu enfin ce que c'était qu'une marche d'harmonie ; c'est avec *Gaveaux*, et sur-tout en étudiant sa méthode sur ses ouvrages, que j'ai compris ce que c'était qu'une clarinette, et pourquoi j'écrivais un *cor* en *ut*, tout en le marquant en *mi bémol*, quand j'étais en *si*. Toutes choses énigmatiques, qui me cassaient la tête auparavant en pure perte. C'est avec *Gaveaux* que j'ai su qu'une Basse peut avoir de l'esprit séparément, mais qu'il ne faut pas que chaque partie ait de l'esprit en même temps, parce que trop de confusion nuit à l'esprit de chaque partie, et que la partie chantante doit toujours dominer, comme le sujet principal d'un tableau doit saillir seul au milieu de tout ce qui n'est qu'accessoire. Enfin, c'est avec *Gaveaux*, en lui volant, de force ou de gré, quelques momens précieux, dût-il enrager de tout son cœur contre moi, que mon ignorance se décrassera, et que ma petite lyre de village finira par rendre des sons plus agréables et moins défectueux : ceci soit dit sans offenser tous les compositeurs qui m'aiment et que j'aime aussi. Ils ont leur mérite sans doute ; mais on ne se commande pas là-dessus. Mon genre est original, et ce n'est pas ma faute, s'il éprouve une force d'attraction vers tel ou tel talent.

On ne peut pas disputer des goûts ; une Actrice du théâtre Feydeau, dont la voix enchanteresse et le jeu expressif, captivent avec raison les suffrages du Public, disait l'autre jour, en parlant de *Jean-Baptiste :* » *Quand donne-t-on la salopperie ?* » Et elle a la bonté de traiter en général tous mes ouvrages, de *cochonneries*, *de platitudes et de rapsodies....* Moi, qui sais tout cela depuis bien long-temps, je ne m'en suis pas plaint une seule fois. Quand je la rencontre, je la salue et lui demande très-poliment des nouvelles de sa santé ; et, quand elle joue, je suis toujours le premier à l'applaudir ; comme en société, le premier à faire l'éloge de ses talens.... Et voilà comme je me suis toujours vengé et me vengerai toute ma vie des personnes qui n'aiment pas mon *mauvais genre.* Rendons justice au mérite par-tout où il se trouve, *et prions Dieu de nous pardonner nos offenses comme nous pardonnons à ceux qui nous ont offensés.*

Et sur ce, mes chers lecteurs, je vous embrasse tendrement et *à pincettes.* *Ainsi soit-il.*

LE COUSIN-JACQUES, Auteur et Musicien du *petit genre.*

UN RIEN

UN RIEN
OU
L'HABIT DE NÔCES,
FOLIE ÉPISODIQUE

En un acte et en prose, mêlée de vaudevilles et d'airs nouveaux;

Représentée pour les premières fois les 19, 20, 22, 24, 27 et 29 prairial an 6, sur le Théâtre de l'Ambigu-Comique.

Paroles et musique du Cousin-Jacques.

Peu de talent, beaucoup de zèle;
Le mal s'excuse par le bien.

Prix, 1 fr. 20 cent.

A PARIS,

Au Bureau Dramatique, rue Helvétius, N.° 664;

Chez { Migneret, Imprimeur, rue Jacob, N°. 1186,
Vente, Libraire, Boulevard des Italiens.

An vi.

Personnages.	*Acteurs.*
PIERRE ROUSSEAU, cultivateur,	C.en PICARDEAUX.
BASTIENNE sa fille,	C.ne SAVIGNY.
Dame BUDELOT, veuve et fermière,	C. MONTARIOL.
NICAISE, fils de Dame Budelot,	C. BÉVILLE.
Le pauvre père ANTOINE, aveugle et mendiant,	C. CHOSE.
Un jeune Enfant qui le conduit,	C.ne DUMOUCHEL.

La Scène se passe dans un village des environs de Paris, au cœur de l'hiver.

Le Théâtre représente la place d'un village, plantée de plusieurs grands arbres spoliés et couverts de frimats. Le lointain offre des montagnes et des bois; à la droite du Spectateur, sur le premier plan, est la porte de la maison de Dame Budelot *avec une fenêtre au-dessus; de l'autre côté, en face, est un banc de pierre au pied d'un arbre. Dans le fond, à gauche, est la maison de* Pierre Rousseau, *presqu'en face du Public, un peu de biais.* Nicaise *est assis sur le banc, les bras croisés, ayant un bel habit de villageois sur ses genoux, quand on lève la toile.*

UN RIEN
OU
L'HABIT DE NÔCES,
FOLIE ÉPISODIQUE.

SCÈNE PREMIERE.

NICAISE *seul, regardant bêtement la maison qui est en face, et ayant les mains dans un petit manchon de paysan.*

Air nouveau.

HÉLAS ! mon Dieu ! qu'on est donc malheureux,
Quand on n'a pas pus d'esprit que Nicaise !
A mes dépens on rit à qui mieux mieux,
Et pus j' sis bête, et pus on est ben aise.
Par-tout è j' voi
Qu'on s' moque d' moi;
J' n'ai pas d'esprit,
Chacun me l' dit.
V'là justement c' qui chagrin' ma tristesse ;
En y pensant, mon p'tit cœur est navré !...
Pour que c' mal là n' dur' pas sans cesse,
J' sais ben c' que j' f'rai. (5 *fois.*)

(*Il se lève.*)

Hélas ! mon Dieu ! c' que c'est q' d'êt' amoureux,
Quand on n'a pas l'esprit d'êt' fait pour plaire;
Gnia-z-un tendron qu'est l'objet de mes vœux;
Mais à mes vœux c' tendron là n' répond guère;
J' li dis : « mon chat !
» Mon chou ! mon rat !
» Un p'tit bécot !
» C'est tout c' qu'i' m' faut...

A.

— Mais d'un air fier al' détourne la tête;
Tout d' suite j' vois q' je n' som' pas t'à son gré...
Oh ! pour punir c'te malhonnête,
J' sais ben c' que j' f'rai. (5 *fois.*)

Oui, seur'ment, que je l' sçais ben, c' que j' f'rai... mais quoit est-ce que j' f'rai, voyons ? C'est pourtant ben désagréable, ça, d'êt' malheureux comme j' suis ; étant l' fils unique d' ma mère, qui n'a q' moi, ayant d' la tournure, des arpens d' terre, du crédit dans le canton, une montre d'or et un bon cœur..... Garçon d'honneur avec ça... et maugré tout ça, j' suis l' pus à plaindre d' tout l' pays!.... Toujours ben portant, mangeant d' bon appétit, ayant, comme on dit, bon pied, bon œil ; un gaillard vigoureux, dà, et aimant l' travail!... Eh ben, c'est z-égal ; ça m' donne plutôt envie d' pleurer que d' rire ! eh ! pourquoi ça ? ah dam ! pourquoi ! parce que je manque d'eune certaine chose qui n' se donne pas pour des centimes. Eh ! d' quoit est-ce que j' manque ? d'esprit, puisqu'i' faut l' dire; v'là l' grand mot lâché!... voirement! c'est ben à cause d' ça q' tout l' monde lève les épaules en m' voyant!... Et, si j' dis un p'tit queut' chose d'agriab'e à queuq' demoiselle du canton, tout d' suite a' m' rit au nez, et j'entends toutes les filles du village dire comme ça en l'vant les épaules : *Ah ! mon dieu ! mon dieu ! qu'il est donc bête*, ! Non, mais, j' dis, c'est q' c'est humiliant, ces propos-là. Si un grand garçon d' mon âge, qu' est bon à marier, n' peut pas trouver chaussure à son pied, parce qu'il est bête, c'est fâcheux ; et m'est avis qu'i' gnia beaucoup d' monde dans la République qui resteriont dans l' célibat... (*Ici on entend frédonner dans la maison de Pierre Rousseau.*) Mais j'entends d'ici mam'selle Bastienne qui chanteronne dans sa maison ; c'est c' telle-là sur-tout, sur qui j'avons jeté les yeux de mon amour. A' me r'butte sans cesse ; mais, comme alle a d' l'esprit pour nous deux, faut croire qu'al n' sera pas si près regardant q' les autres filles ; queuq' ça fait, ça, d' queu côté q' ça vient, du mari ou d' la femme, du moment qu'i' gnien a une provision pour le ménage?.... (*A voix basse.*) Son père, à mam'selle Bastienne, Pierre Rousseau, il est là, cheux maman.... (*Il désigne la maison de dame Budelot.*) J' crois qu'il arrange tout bas not' mariage... I' m'a dit comme ça dans l' tuyau d' l'oreille : *Ecoute, imbécille! j'espère réussir à te donner la main d' ma fille; mais c'est un secret; ne l' dis à parsonne...* J' ne l' dis à parsonne, non pus; j' m'en garderai ben, morgué! Ctapendant j' compte là-d'sus, moi; et pour à celle fin qu'eune fois q'ça va t'êt' bâclé, on n' s'en dédise pas, j'ons fait faire d'avance un bieau habit d' nôces, que v'là... c'est ça qui n'est pas bête; quand on verra mon habit d' nôces tout prêt, faudra ben qu'on prenne son parti...La v'là qui sort de d'chèux elle.... faut l'intriguer; faut que j' fasse l' joyeux. J' vas danser eune ronde à moi tout seul, sans faire l' semblant d' l'appercevoir....

SCÈNE II.

NICAISE, BASTIENNE.

BASTIENNE *s'avançant derrière Nicaise.*

(*A part.*) MON père tarde bien à rentrer.... que fait là ce grand sot de Nicaise?

NICAISE.

(*A part.*) Alle m'a r'connu tout d' suite; c'est égal, dansons, quoiq' ça.

Air nouveau.

En revenant de Charenton,
Derli, derli, derli, dindon,
J' rencontris un joli tendron
Qui marchait dans la plaine...

(*Il danse grotesquement.*)

Derli, derli, dindon. (*bis.*)

(*Il pirouette.*)

Derli, derli, dondaine.

(*A part*) Al' s' moque d' moi, par là derrière;.... moque-toi, va, c'est égal, je m'moque d'ta moquerie... Continuons....

J' rencontris un joli tendron,
Derli, derli, derli, dindon;
J' lui dis : Mam'selle, arrêtez donc;
L' grand pas fait perdre haleine...
Derli, derli, dindon.... (*bis.*)

Mousieu', qu'a' m' dit comme ça, dit-elle, c'est vous qu'êtes trop poli.—Mam'selle, i' gnia pas d' quoi; v'là ma main qui vous tend l' bras, que j' dis....

(*Il pirouette.*)

Derli, derli, dondaine.

(*Bastienne le parodie toujours, en dansant derrière lui.*)

J' lui dis : Mam'selle, arrêtez donc;
Derli, derli, derli, dindon.
Allons, Mam'selle, ei pas d' façon...
— Mousieu', c' n'est pas la peine!
Derli, derli, dindon... (*bis.*)

(*Il ne finit pas le couplet.*)

BASTIENNE *l'interrompant brusquement.*

Nicaise!

NICAISE.

Ah! c'est vous, mam'selle Bastienne!

BASTIENNE.

Tu es bien gai! que chantais-tu donc là tout seul?

NICAISE.

J' chantais-t-eune chanson d' ma composition; pas vrai, Mam'selle, que ça n'est pas mal *versé*, c'te chanson-là?

BASTIENNE.

Et que disais-tu dans ta chanson?

NICAISE.

Je m' racontais t'-à moi-même eune petite histoire qui m'est arrivée gnia long-temps, au vis-à-vis d'eune Demoiselle que j'aime... (*A part.*) Attrape!

BASTIENNE.

Et qui t'aime aussi?

NICAISE.

A la folie.... Je n' vous ai pas t'encore parlé de c'te

inclination-là, crainte d' vous chagriner...vrai (*A part.*) Faut la punir de c' qu'al' n' m'aime pas...

BASTIENNE *ironiquement.*

Cela me chagrine aussi beaucoup, je t'assure.... et vous faisiez semblant de soupirer pour moi, petit perfide !

NICAISE.

(*A part.*) V'là qu'alle est jalouse; c'est bon...(*Haut.*) Écoutez, mam'selle Bastienne, que j' vous conte ça tout au juste...Vous n' m'en voudrez pas ? c'est qu'à la longue, c' secret-là est d'venu trop lourd, et faut qu' je l' laisse tomber; c'est pus fort que moi.

Air nouveau.

D'puis deux ou trois ans j' soupire,
Vrai tout com' vous v'là;
Mais quoiq' c'est qu'on pourrait dire
(*Très-fort.*)
D'eun' passion comme ça ?
Je n' dis pas l' nom de la d'moiselle,
D' peur d'ét' indiscret;
Car, si j' la nommions, c'te belle,
Ça f'rait qu'on l' saurait. (*bis.*)

(*A part.*) Al' croit tout ça comme bon jour.

J' li dis : t'nez, mam'sell' Brigitte....

BASTIENNE *l'interrompant.*

Tu ne la nommes pas ; mais elle s'appelle *mam'selle Brigitte*... (*A part.*) Qu'il est bête !

NICAISE *frappant du pied.*

Laissez-moi donc dire; c'est malhonnête, ça, d' couper com' ça la parole à eune chanson...

J' li dis : t'nez, mam'sell' Brigitte,
Vous êtes d' mon goût;
Al' me répondit tout d' suite :
(*Très-fort.*)
Moi, j' vous aime itout....
Quand on s' prend com' ça de d' même,
C' qu'est assez plaisant;
Ça fait deux personn' qui s'aime',
C' qu'est rare à présent. (*bis.*)

J'ajoutai : ma bonne amie,
L' monde est si méchant !

N' faut pas qu'on sache, j' vous prie,
  Que j' sis vot' amant.
Il est vrai que j' vous adore;
  Mais n'en dites rien;
Ça s'ra genti' qu'on ignore
  Qu' nous nous aimons bien. (*bis.*)

Monsieu' l' curé d' not' village,
  T' nous dit com' ça
Que d' s'aimer, ça n'est pas sage,
  Q' mal en arriv'ra.
Mais, moi, quoiq' ça m'embarrasse
  Q' ça soit mal ou bien,
Pourvu q' mon cœur ait sa grace
  Vis-à-vis du sien? (*bis.*)

Et v'là c' que c'est, Mam'selle!

BASTIENNE.

(*A part.*) Je ne m'attendais pas à cette confidence-là.... (*Haut.*) Fort bien... et tu vas l'épouser?

NICAISE *montrant son bel habit.*

Faut ben que j' l'épouse; puisque v'là mon habit d' nôces qu' est tout fait, gnia pus moyen de r'culer...

BASTIENNE *s'en allant du côté de la maison de dame Budelot.*

En ce cas-là, tu fais fort bien de m'avertir; car mon père, qui, à force de raisonnemens et d'instances, était parvenu à me fléchir en ta faveur, arrangeait déja les choses avec ta mère, pour hâter mon mariage avec toi; mais je vais l'appeller et lui dire....

NICAISE *la retenant par son tablier.*

Non, non, non, n'y allez pas; n' l'appellez pas.... du moment q' c'était com' ça, c'est ben différent.... (*A part.*) quoi? tout d' bon! alle voulait ben de moi!

BASTIENNE *lui échappant et parlant avec beaucoup de vivacité.*

Ah! c'est différent! eh bien! moi, je change d'avis; j'avais cédé aux sollicitations de mon père; je consentais presque à devenir ta femme, tout bête que tu es; je te savais un bon cœur; je te connaissais bienfaisant et charitable envers les malheureux ; cette bonne qualité me faisait passer par dessus tout le reste.... mais tout est fini...

NICAISE *lui barrant le passage.*

Mam'selle Bastienne ! par grâce ! restez-là t'encore un p'tit moment ; que j' vous explique ça...

BASTIENNE *luttant contre lui.*

Oh ! c'est tout expliqué ; *mam'selle Brigitte* m'a tout dit...

NICAISE *insistant avec plus de force.*

Gnia point d' *mam'selle Brigitte* qui tienne, Mam'selle ; c'est z-une plaisanterie comme quoi que j' badinais pour voir c' que vous diriez.... *Mam'selle Brigitte*, c'est *mam'selle Bastienne* ; je n' me trompais que d' nom ; c'te *Brigitte-là*, c'est vous, Mam'selle...

BASTIENNE.

Oh ! que je ne suis pas si dupe ! tu sais bien que je n'ai jamais eu d'amour pour toi ; et ta *Brigitte* en a beaucoup....

NICAISE *se débattant avec elle.*

Non, Mam'selle, al' n'en a pas du tout ; en conscience, c'est eune maîtresse pour rire ; j'avions imaginé c'te belle histoire-là pour vous donner d' la jalousie.

BASTIENNE.

Une femme n'est jalouse que quand elle aime...

NICAISE *vivement.*

Eh ben ! Mam'selle ; c'est ça tout justement ; si j' vous avais rendue un p'tit brin jalouse, c'est q' vous m'auriez aimé un p'tit brin....

BASTIENNE.

Et cet habit de nôces ?

NICAISE.

Précisément ; c'est pour vous donner dans l'œil. J' l'ons fait faire exprès pour êt' vot' mari... E' Tailleur du village vous dira comme quoi j' l'ont payé pour ça... d'honneur, en conscience, su' ma parole, aussi vrai comme vous êtes la pus aimable et la pus jolie fille du village....

BASTIENNE *s'appaisant et souriant.*

A la bonne heure ; je t'écoute.

NICAISE.

(*A part.*) Ah ! ah ! v'là qu'al' se radoucit, pourtant... Mon dieu ! les femmes !... c' q' c'est que d' nous !

BASTIENNE.

Eh ! bien ? qu'as-tu à me dire ?

NICAISE *avec feu.*

J' vous dirai ça, quand nous s'rons mariés ; pour l' moment présent, n' faut pus s'occuper que d' la nôce. J'allons charcher les violons et la jeunesse du canton, pour vous conduire en belle sarimonie.... Mon dieu ! que j' sommes donc heureux q' mon amour pour vous ait touché vot' cœur, lorsque je m'y attendais pas du tout !

BASTIENNE *sèchement.*

Tu n'as pas touché mon cœur.

NICAISE *avec un étonnement stupide.*

Bah !... vous n'm'aimez donc pas pus qu'à l'ordinaire ?

BASTIENNE.

Pas une obole avec.

NICAISE.

Bah !... et vous n' sentez pas d'amour ?

BASTIENNE.

Pas l'ombre.

NICAISE.

Bah !... et vous m'épousez ?

BASTIENNE.

Si tu étais forcé, pour te marier, d'attendre qu'on eût de l'amour, tu resterais garçon toute ta vie.

NICAISE *en riant, au public.*

Ha ! ha ! ha !... c'est qu'alle vous dit ça si gentiment !... alle est charmante, vrai. Moi, ça m'amuse.... Ah ! ça, Mam'selle, c'est pas t'un badinage, donc ? Vot' papa va d'venir l' mien ?

BASTIENNE.

Oh ! oh ! c'est selon ; il faudra voir.... Je n'ai pas encore pris mon parti....

NICAISE.

Allons, allons, mam'selle Bastienne ! n'allez pas m'jouer l'tour d'vous dédire, j'vous en prie ! Faut avoir eune volonté ; n'faut pas dire d'eune façon, et puis d'eune autre.... Oh ! mais, d'abord ; c'est que.... Moi, quand j's'rai vot' mari, et pis qu'vous vouliez bien, et pis qu'vous n'vouliez pus.... Ça n'm'arrangera pas du tout, dà ! faut pas m'faire v'nir l'eau à la bouche inutilement.... T'nez, j'vas t'avertir la sarimonie, afin qu'al' s'trouve ici, su' c'te place, avant la fin d'la journée... (*Il s'en va....*)

BASTIENNE.

Où vas-tu, nigaud ?... Ne vois-tu pas qu'auparavant il faut savoir ce que nos parens auront décidé ?

NICAISE *à part.*

Nigaud ! al' s'essaie pour quand al's'ra ma femme. (*Haut.*) Je n'tard'rons pas ; faut toujours mettre l'village en train ; ça les décidera pus vîte.... N'vous ennuyez pas ; j'vas r'venir tout d'suite.

(*Il s'en va en sautant.*)

SCENE III.

BASTIENNE *seule.*

Le beau préservatif contre l'ennui, que la présence de monsieur Nicaise ! vive un garçon d'esprit comme lui pour désennuyer les gens !... Eh bien ! c'est singulier ! malgré sa bêtise, sa gaucherie, je ne le hais point ! Son humeur libérale me flatte infiniment; les temps sont durs; il y a beaucoup de pauvres dans ces environs, et la plupart mourraient de misère sans les aumônes de ce Nicaise !.. aussi le chérit-on par-tout !.. Mon père, qui n'est pas moins généreux que lui, se fait bénir de tous les indigens ! Un mariage contracté sous de si favorables auspices, ne vaut-il pas mieux que ces hymens formés par un amour passager qui s'éteint après quelques mois et n'est remplacé par aucune jouissance durable ? L'amour !... Ah ! ce mot-là seul m'a toujours fait rire !... c'est admirable dans les romans ; mais en ménage !... Et puis, on n'est subjugué par cette passion-là qu'autant qu'on le veut bien ; il en est de celle-là comme de toutes les autres; tout dépend du premier pas; cédez, tout est perdu sans ressource !.. Résistez d'abord, vous saurez résister long-temps.

Air nouveau.

L'amour n'est pas si séduisant
Qu'on veut bien nous le peindre;
Il n'est pas non plus si méchant
Qu'on a l'air de le craindre.
De loin il offre des attraits
Qui semblent quelque chose ;
L'épine, quand on est tout près,
L'emporte sur la rose. (*bis.*)

Tant qu'on le veut, l'amour enfant
Conserve sa faiblesse ;
Il ne devient entreprenant
Qu'autant qu'on le caresse.
C'est un esclave à la maison,
Soumis comme il doit l'être....
Laissez-lui prendre le haut ton;
Bientôt il sera maître. (*bis.*)

SCÈNE IV.

BASTIENNE, PIERRE ROUSSEAU.

PIERRE ROUSSEAU *sortant brusquement de la maison de dame Badelot, se retourne souvent de ce côté-là, et parle avec beaucoup de vivacité, comme s'il disputait encore avec elle.*

Oh ! eh ! oh ! nous verrons, nous verrons, nous verrons.... Ah ! ben, oui ; ah ! ben....

BASTIENNE.

Qu'avez-vous donc, mon père ?

PIERRE ROUSSEAU *allant et venant avec colère, tout essoufflé, et regardant toujours la maison d'où il sort, d'un air et d'un ton menaçant.*

A-t-on jamais vu des choses comme ça ?... Oh ! que j' n'entends pas de c'te oreille-là, moi.... non ; mais, c'est q' c'est incroyable, en vérité !... Dans ma colère, je n' sais pas c' que j'aurais fait...

BASTIENNE.

Mais d'où vient cette mauvaise humeur? daignerez-vous me l'apprendre ?

PIERRE ROUSSEAU *vivement.*

Tais-toi, ça n' te regarde pas.... (*En frappant du pied.*) Ah ! mon dieu ! mon dieu ! si jamais j' m'y s'rais attendu !....

BASTIENNE *se fâchant à son tour.*

Mais de quoi s'agit-il, enfin ?

PIERRE ROUSSEAU.

J' te dis encore un coup que c' n'est pas ton affaire. (*D'un ton plus doux.*) C'est à l'occasion d' ton mariage, comme tu sais.... (*En revenant du côté de la maison.*) Ah ! morguè ! si je n' m'étais r'tenu !... j' li ai chanté des sottises..... là, comme i' faut, j' m'en vante ! encore un peu (*il montre ses poings fermés*) j' li aurais baillé...mais...heureus'ment que j' suis galant et que j' l'ai toujours été; je m' pique d' ça, par exemple !

BASTIENNE *plaisamment.*

Pas trop, à ce qu'il paraît.... Mais voyons donc ce qui s'est passé, à l'occasion de mon mariage qui ne me regarde pas?

PIERRE ROUSSEAU *respirant avec force.*

Ouf! laisse-moi respirer; j' te l' dirai tout-à-l'heure... C'est un moment d' colère; tu sais ben q' faut q' j'en ai' com' ça d' temps en temps, faut m' donner l' temps q' ça s'évapore...... non, mais j' te l' dis comme je l' pense.... si c' n'était pas eune femme du sesque, alle aurait vu beau jeu; mais c'est eune femme, faut ménager ça; j' sais c' que c'est qu'eune femme, j' sais c' que c'est....

BASTIENNE.

Dame Budelot a donc voulu faire la renchérie?

PIERRE ROUSSEAU.

La renchérie ! pas du tout; oh ! mon dieu, non : ah ! j'aurais ben voulu voir qu'alle fasse la renchérie ! oh ! c' n'est pas ça du tout.

BASTIENNE.

Elle vous a peut-être dit quelque chose de mortifiant?

PIERRE ROUSSEAU.

D' mortifiant! oh! pas du tout; ah ben, al' n'aurait qu'à s'aviser d' ça...... non, a n' m'a rien dit d' mortifiant.

BASTIENNE.

Est-ce qu'elle se dédirait, par hazard?

PIERRE ROUSSEAU.

Elle, s' dédire! oh! pas du-tout; ah! ben, oui, a' faudrait pus q' ça.... oh! mon dieu, non, a n' s'est pas dédit un seul instant....

BASTIENNE.

Eh bien donc! en quoi vous-a-t'elle donné sujet de vous fâcher si fort?

PIERRE ROUSSEAU.

En quoi? ah! j' vas te l' dire, en quoi; écoute:

Air nouveau.

D'un air joyeux, d'un bon visage,
J' vous l'abordis ben galamment,
Comm' tu sais ben q' c'est mon usage,
Faisant le petit compliment:
Comment vous va, ma chèr' voisine?

(*Il imite la voix de femme.*)

—Mon cher voisin, comment vous va?
Un ver' de c' vin qu'a si bonn' mine?

Hein? qu'en dites-vous?

Et réchauffons-nous avec ça. (*bis.*)

BASTIENNE.

Jusqu'ici, je ne vois pas matière à se quereller; vous entrez; elle vous fait asseoir; elle vous offre un verre de son meilleur vin; vous l'acceptez, et vous vous réchauffez ensemble..... Après?

PIERRE ROUSSEAU.

C'est ça même, nous nous réchauffons ensemble; mais tu vas voir:

Dans la saison morte où nous sommes,
Un peu d' chaleur nous fait grand bien;
Bon feu, bon vin, sont des vieux hommes
Et le plaisir et le soutien.....
Tout près d'un tendron que l'on fête,
On peut s' passer de c' soutien-là....
Mais vieux barbon, près d'eun' vieill' tête,
A toujours un peu besoin d' ça. (*bis.*)

BASTIENNE *vivement.*

Eh! mais, mon père, je ne vous conçois pas; vous sortez de cette maison fort en colère; il semble que vous allez tout bouleverser; je vous supplie de m'instruire du sujet de cette fureur inattendue; je vous écoute attentivement..., et voilà que vous me faites une histoire qui ne m'explique autre chose, sinon que vous avez toujours le mot pour rire.

PIERRE ROUSSEAU.

Ah! tu as raison; mais ça va v' nir incessamment...

V'là qu'tout-à-coup l' discours s'engage;
J' dis que j' consens à ton hymen....
V'là que l' feu li monte au visage;
Tout' hors d'ell'-même a' m' prend la main.
» Mon p'tit Rousseau, que j' vous embrasse,
» Je n' peux pas t'nir à c' plaisir là.....
—Eh! laissez donc, voisine, en grace!
Vous et moi, n' somm' plus bons pour ça. (*bis.*)

BASTIENNE.

Eh bien, mon père, d'après toute cette belle explication, je comprends.... que vous ne m'avez rien expliqué du tout.

PIERRE ROUSSEAU.

Bah! c'est donc q' t'as l'entendement perclus, q' tu n' comprends pas c' que j' veux t' dire ?.... ça m'étonne, avec l'esprit délié, comme t'en as un!

BASTIENNE.

Apparemment; car je ne vois là que des sujets de contentement pour vous.

PIERRE ROUSSEAU *se fâchant.*

Ah! des sujets d' contentement! eh ben, quand j' t'aurai dit q' dame Budelot, dans l'excès d' sa joie, pour à cause d' ton mariage avec son fils, m'a sauté au cou, qu'alle m'a cajolé comme un p'tit Benjamin, qu'alle m'a conté fleurette, comme si j' n'avais q' dix-huit ans, et qu'alle prétend qu' la partie n' s'ra pas complette; si, au lieu d'eune nôce, on n'en fait pas deux.... quand j' t'aurai dit tout ça, l' sauras-tu? et, quand tu l' sauras, m' diras-tu encore q' c'est un sujet d' contentement? hein?.....

BASTIENNE *très-étonnée.*

Comment? cette femme veut vous épouser? ha! ha! ha!....

PIERRE ROUSSEAU *la parodiant.*

Ha! ha! ha! tu ris, toi; mais si un vieux Rodrigue, comme moi, par exemple, voulait t'épouser, ça t' f'rait-i rire?

BASTIENNE.

La comparaison n'est pas tout-à-fait juste; mais quand elle le serait, je rirais la première......

PIERRE ROUSSEAU.

C'est fort ben d' rire; mais c' nest pas l' tout; faut prendre un parti; faut dire *oui* ou *non.*

BASTIENNE.

Eh bien! si la chose vous convient, dites *oui;* si elle ne vous.....

PIERRE ROUSSEAU *frappant du pied avec colère.*

Ah ben!.... que j' dise oui, moi? j' mangerais putôt la maison.... n' m'en parle pas, tiens; car v'là ma colère qui me r'prend.... j' dis *non;* et j' dirai *non, non, non, non,* et dix millions d' fois *non;* là, c'est entendu.

BASTIENNE.

Mais cela m'étonne d'autant plus, qu'elle ne vous en avait jamais parlé....

PIERRE ROUSSEAU *d'un ton mielleux.*

Jamais, au grand jamais; alle conservait c't amour-là tout au fond d'son cœur, vois-tu? Al' dit com' ça qu'al' s'est fait ben d' la violence pendant d's années, pour ne pas faire paraître c'te jolie petite inclination-là.... mais v'là l'occasion qu'alle attendait; du moment q' son fils t'épouse, a' n' veut faire qu'un seul ménage; al' prétend q' ça va tout seul, ça.

BASTIENNE.

Mais, quand j'y réfléchis, je ne conçois pas que vous soyez si fâché de plaire....

PIERRE ROUSSEAU.

Tais-toi, p'tite sotte; je n' veux pas plaire, moi.

entends-tu ça ? ça n' me plaît pas d' plaire ; chacun son goût ; c'est là l' mien.

BASTIENNE.

Vous aurez bien de la peine à y réussir, mon père...

PIERRE ROUSSEAU.

Bah ! n' vas-tu pas aussi m'en conter, toi ?

BASTIENNE.

Non ; mais pouvez-vous empêcher les gens de vous aimer ?

PIERRE ROUSSEAU.

Je n' veux pas q'on m'aime, moi ; et je n' me laisserai pas faire, dà ; tu peux compter là-dessus.... Va, va, on m'a assez aimé dans ma vie ; j' m'en souviens ; ça m' suffit ; j' suis d'un âge où c' que l' souvenir m' flatte plus q' la chose....

BASTIENNE.

C'est pourtant une charmante jouissance que celle d'être aimé ! ne l'a pas qui veut.

PIERRE ROUSSEAU *prenant tout-à-coup un air sérieux et attendri, s'approche de sa fille avec complaisance, la fixe avec bonté et lui serre les deux mains dans les siennes.*

Mon enfant !... ma p'tite Bastienne ! je l' sens comme toi, et p't' êt' mieux q' toi, q' c'est eune grande jouissance qu' c'telle-là d'être aimé ; mais c' n'est pas de c't amour turbulent, qui sied tout au plus à la jeunesse ; c'est de c'te bonne amitié, plus douce et plus précieuse encore que c'telle-là q' t'auras pour ton mari.... C'est de c'te tendresse q'la nature a placée dans nos cœurs pour nos enfans....

BASTIENNE.

Ah ! mon père ! que j'aime à vous faire de pareilles réflexions, pour m'attirer de votre part des réponses comme celle-là !

PIERRE ROUSSEAU *avec sentiment.*

Ecoute, Bastienne ; quand tu s'ras mère à ton tour,

et q' t'auras fait ton devoir, comme une honnête femme doit l' faire avec ses enfans, c'est alors q' tu pourras leu' dire q'c'est eune grande, grande, grande.... Oh! oui, bien grande jouissance que c'telle-là d'être aimé... R'tiens ben ça, ma fille! (*Avec plus de vivacité.*) T'es mon unique enfant, toi! t'es mon trésor, t'es mon bonheur, t'es mes amours! et ça m'suffit.... T'aimes ton père; i' t' chérit; tu t' comportes ben sag'ment, v'là la pus grande marque d' tendresse q' tu puisses li donner... Tu vas t' marier, parce qu'enfin faut ben faire comme tout l' monde, eune fois q' la saison est v'nue.... Ton mari est un nigaud; ça, c'est vrai; mais c'est un nigaud qu'a bon cœur, qui m' respecte, qui fait du bien aux pauvres; vous s'rez heureux tous les deux; j' te sais bon gré d' t'êt' décidée à l' prendre; nous pensons tretous de d' même; tous les malheureux nous aimeront; et ça s'ra un joli p'tit *trio* d' générosité, qui s' f'ra bénir dans tout l' canton. Crois-tu qu'eune fille, qu'épouse un nigaud plein d' probité, d'honneur et d' bienfaisance, n' fasse pas mieux qu' d'aller s'amouracher d'un mirliflore d' belle apparence, où c' qu'i' gniaurait pas d' fond? Va, va; j' t'assure que ça n'est pas si nigaud d' ta part, ça.

DUO.

Air nouveau.

Nous f'rons du bien,
C' n'est q' pour ça qu'on est dans l'aisance.
Nous f'rons du bien....
Et nous n' manqu'rons de rien.

BASTIENNE et PIERRE ROUSSEAU *ensemble.*

Faisons du bien;
C'est pour ça qu'on a de l'aisance;
Faisons du bien;
Cela ne nuit en rien.

BASTIENNE *seule.*

Offrons nos vœux
Sur l'autel de la bienfaisance!
Formons ces nœuds;
Ce sont les plus heureux!

(*Pendant ce duo, dame Budelot se met à sa fenêtre et se retire.*)

ENSEMBLE.

Faisons } des vœux
Tu f'ras }
Sur l'autel de la bienfaisance;
Formons } ces nœuds;
Forme }
Ce sont les plus heureux!

PIERRE ROUSSEAU *la pressant sur son sein.*

Quand tu fermeras ma paupière,
J't'aurai légué la leçon du bonheur!
J'verrai finir sans regret ma carrière,
Si l'indigent retrouve en toi mon cœur! (*bis.*)

BASTIENNE.

Quand viendra cet instant d'allarmes
Vous arracher à mes plus tendres vœux,
Ce qui pourra sécher enfin mes larmes,
C'est d'essuyer celles des malheureux! (*bis.*)

ENSEMBLE.

Faisons du bien;
C'est pour ça qu'on est dans l'aisance;
Faisons du bien;
Tout le reste n'est rien. (*5 fois.*)

BASTIENNE.

Ah! ça, dites-moi donc, mon père; est-ce que la voisine porte les choses au point de refuser son consentement pour mon mariage avec son fils, si vous n'acceptez pas sa main?...

PIERRE ROUSSEAU.

Oh! je n'te dirai pas c'qu'all' a dans l'ame; tout c'que j'sais, c'est q'du moment q'j'ai vu qu'ça d'venait si sérieux, je m'sommes fâchés pour tout d'bon, et q'voyant qu'all' persistait dans ses agaceries, je m'sommes levé tout en colère, et, sans vouloir l'écouter davantage, j'nous sommes en allé, comme t'as vu, pestant ben fort contre toutes ces magnières-là.... Mais j'crois qu'a' n'lâchera prise qu'à bonne enseigne, car al' n'a pas perdu l'espérance, vois-tu? et m'est avis qu'al' va tout à c'te heure s'mettre à sa fenêtre, (*Il regarde.*) si al' n'y est pas déjà ; non , gnia parsonne ; c'est apparemment toi qui la gêne.... va faire un tour cheux nous ; j' parie q' durant c' temps-là, al' va r'venir à la charge.... j'en profit'rons l' mieux que j' pourrons pour li parler raison , si j'en suis capable ; dame ! faut ben q' j'en ayons l' cœur net, et q' nous sachions tout d' suite queu' parti prendre.

SCÈNE V.

PIERRE ROUSSEAU *seul.*

C'TE pauvre enfant ! a' n' m'a jamais donné l' pus p'tit sujet d' mécontent'ment , du d'puis qu'alle est au monde ; c'est tout l' portrait d' défunt sa mère.... Ça vous est gai ! ça vous est aimab'e ! et ça vous a d' l'esprit.... tout comme son père ; oh ! ça , c'est ma vraie portraiture.... Quand j'y pense , à part moi , j' peux ben dire , sans m'en faire accroire , qu'i' gnia rien d'étonnant , si d'un côté quand on r'charche la fille , d'un aut' côté , on r'charche l' papa... dam ! v'là c' que c'est ! quand on est aimé , comme nous l' sommes tretous , dans ma famille , toujours jovial et toujours bon cœur , on s' fait dorlotter d' tout l' monde , quoiqu'on ait par-ci par-là un p'tit brin d' brusquerie dans les magnières.... Quant' à moi , je n' donn'rais pas mon caractère et ma façon d' vivre pour un Pérou ; oh ! je l' dis franchement.

Air nouveau.

(*Avec gaîté et gentillesse.*)

Quand un léger nuage
Obscurcit mes vieux jours,
Je pense à mon jeune âge,
Au bon tems des amours. (*bis.*)
Tableaux couleur de rose
Semblent me rajeunir;
C'est toujours quelque chose
Qu'un joli souvenir. } *bis.*

Quand de ma jeune fille
Je fixe les beaux yeux,
De la voir si gentille
Je suis tout glorieux. (*bis.*)
« Sa mère était comme elle, »
Me dis-je avec plaisir !...
Et cela me rappelle
Un joli souvenir. } *bis.*

Qu'un pauvre se présente,
Oubliant son malheur,
Sa voix reconnaissante
Retentit dans mon cœur ! (*bis.*)
Le mortel qu'on soulage
Nous apprend à jouir;
Sans cesse il nous ménage
Un joli souvenir. } *bis.*

SCENE VI.

PIERRE ROUSSEAU, Dame BUDELOT *à sa fenêtre.*

Dame BUDELOT.

Ah ! le voilà seul, enfin !

PIERRE ROUSSEAU.

Ah ! la v'là qui s' fait voir !... alle va sans doute s'expliquer pour tout d' bon... Hem, hem.

(*Il tousse, se rengorge, se passe la main sous le menton, regarde ses jambes et se promène avec un air petit-maître.*)

Dame BUDELOT.

Il n'a pas mauvaise tournure....

PIERRE ROUSSEAU.

V'là que j' li donne encore dans l'œil ; c'est fini.

Dame BUDELOT.

Eh bien ! mon voisin, êtes-vous toujours fâché?

PIERRE ROUSSEAU.

Qui? moi? oh! c'est passé ; vous savez ben q' ma colère n' dure jamais long-temps....

Dame BUDELOT.

Ah! c'est bien heureux! je savais bien, moi, que vous finiriez par vous rendre.....

PIERRE ROUSSEAU *en riant.*

M' rendre? oh! vous n'y êtes pas, ma voisine! je n' suis pas t'un homme si facile, moi.... oh! j'ai pus d' fiarté q' ça... ah! ben, oui; m' rendre!

Dame BUDELOT *bien tendrement et s'animant par degré.*

Vous avez tort, voisin; car enfin, si l'on était toujours gendarmé contre la tendresse, la vie serait un fardeau insupportable.....

PIERRE ROUSSEAU *à part.*

C'te jeune poulette! (*Au public.*) Voyez-vous c't air tendre! a' m' fait des yeux!... enfin, j' dis... là... c'est clair.

Dame BUDELOT.

Un peu d'amour sied à tous les âges; c'est par là qu'on égaie l'hiver de nos ans!....

PIERRE ROUSSEAU *la contrefaisant.*

Ah! mon dieu! l'hiver de nos ans. (*Haut.*) Ecoutez, ma voisine; vous êtes eune femme aimable, au possible; un p'tit bijou, ben rav'nant; un joli moule d' gentillesse, ça, c'est vrai. Mais que n' v'nez vous ici vous expliquer côte à côte avec moi, au lieu que d' vous t'nir là, comme un cadran solaire, à c'te fenêtre? ça f'ra du moins que j' vous entendrai mieux; car, de loin com' ça, t'nez, j'ons l'oreille un peu dure. C'est fâcheux, pour un jeune damoiseau comme moi!.... mais q' voulez-vous? faut pardonner quequ' petite infirmité à un jeune homme d' soixante-huit ans....

Dame BUDELOT *qui est descendue pendant qu'il parlait, arrive sur la scène à côté de lui.*

Eh bien, mon voisin, me voilà pour vous dire que vos prétextes n'ont pas le sens commun. Quoi! pour quelques dixaines dannées de plus ou de moins, vous prétendez que... mais! mais! vous radotez, mon cher enfant!...

Air nouveau.

Eh! mon dieu! que fait l'âge? il s'agit d'être heureux!
Aux soins de la maison nous vaquerons ensemble;...
Pour des cœurs bien épris, l'amour n'est jamais vieux....
Mon cher voisin, que vous en semble? (*bis.*)

Quand avec un ami, par les feux du desir,
On peut de la vieillesse adoucir l'amertume;
Le flambeau de la vie est-il prêt à finir?
Celui de l'amour le rallume. (*bis.*)

PIERRE ROUSSEAU *à part.*

A' m' fait la cour ben gentiment; ça, faut êt' juste... al' a d' l'esprit dans sa tendresse.... (*Haut.*) Mais r'gardez-moi donc! là, voyons; gnia ti du bon sens d' vouloir qu'un vieux barbon qu'est père de famille, et qu'a pus d' la soixantaine, s'occupe d'amourette et d' mariage, comme un jeune luron d' vingt-cinq ans? et vous-même, en conscience, voyez-vous dans l' miroir; i' vous dira si vous pouvez passer pour un tendron!.... ça f'rait-z-un joli couple, par ma foi.... On nous verrait bientôt branler la tête à l'unisson, et nous t'nir tous deux par le bras, au moyen d'eune béquille, pour nous empêcher d' tomber.... ha, ha, ha, ha....

Air nouveau.

Tenez, soyons de bonne foi;
Ce projet est trop ridicule....
Il faut, voisine, croyez-moi,
Renoncer au feu qui vous brûle.
Je me connais; et, si pour vous
Je m'engageais, je le suppose...
Quand eun' fois nous serions époux,
Pour vivre heureux que ferions-nous?

Dame BUDELOT *souriant.*

Ce que nous ferions? (*bis.*)

PIERRE ROUSSEAU.

Pas grand' chose. (*bis.*)

PIERRE ROUSSEAU.

Il fut un tems où pour l'amour,
Vous et moi, j'en valions ben d'autres;
Mais à présent c' n'est pus not' tour;
Ces plaisirs-là n' sont pus les nôtres.
C'est dans les biaux jours du printems
Qu'on peut ben cultiver la rose....
Mais quand l'hiver et l' mauvais tems
Ote au rosier ses agréments;
Que lui reste-t-il? (*bis*) Pas grand' chose. (*bis.*)

Dame BUDELOT *vivement.*

Oh! oh! sans toutes ces plaisanteries-là, il s'agit de vous décider promptement; si nous eussions fait deux mariages au lieu d'un, la communauté de biens eût été complette; mais je n'irai, ma foi, pas me dépouiller d'une partie de mon avoir, pour les beaux yeux de votre fille; c'est bien assez de me priver d'un fils unique, qui fait toute ma société....

PIERRE ROUSSEAU *brusquement.*

Oh! oh! l' mariage n'est pas t'encore bâclé; il est encore temps de s' dédire; gardez-le, c' bieau fils unique, q' vous prisez si fort. . . . Parsonne n' s'ra jaloux d' vous l'enl'ver....

Dame BUDELOT *en colère.*

Pas tant de mépris, voisin; le monsieur vaut bien la demoiselle; un peu plus ou moins d'esprit, n'est pas un privilége qu'il faille faire sonner si haut.

PIERRE ROUSSEAU *à part.*

Ah! du moins, al' convient q' ma fille a pus d'esprit q' son Nicaise; c'est queuq' chose.

SCÈNE VII.

PIERRE ROUSSEAU, Dame BUDELOT, NICAISE.

NICAISE *en habit de nôces, un beau bouquet à la main, avec des rubans.*

Ou c' qu'est donc ma femme future ? j' la croyais t-encore su' c'te place, ma femme future .. (*A Pierre Rousseau.*) Dites donc, mon papa ; ma femme future est-elle cheux vous ? faut qu'alle vienne s' marier, ma femme future ; me v'là tout prêt....

PIERRE ROUSSEAU *riant de voir sa tournure.*

Bon ! ah ! d'où vient q' tu n'amènes pas les violons avec la jeunesse du village ?

NICAISE.

J' leux ai dit de s' préparer ; i' n'ont pas voulu.... J' leux ai dit q' j'épousais mam'selle Bastienne ; i's ont dit q' non ; moi, j' leux ai dit q' si.... Bah ! qu'is ont dit comme ça : « Ça n'est pas possib'e ; a' n' veut » pas d' toi ; t'es trop bête pour ça ; nous l' croirons » quand nous l' varrons.... » Eh ben ! pour afin qu'is le croient, j' v'nons la charcher ; et qu'al se dépêche, ma femme future ; car i' n' fait pas chaud su' c'te place.

Dame BUDELOT.

Oh ! c' n'est pas la peine ; j'ai changé d'avis à présent ; tu peux quitter ta belle parure et congédier tes violons.

NICAISE *regardant bêtement sa mère.*

Tiens ! tiens ! tiens ! en v'là ben d'eune autre, a' c'te heure... (*A Pierre Rousseau.*) C'est i' vrai, ça, monsieu' Rousseau ? queu mouche qu'a donc piqué maman tout d'un coup ?...

PIERRE ROUSSEAU.

Ta mère est en courroux, mon garçon ; v'là qu'a' n' veut pus q' tu t' maries, à c'te heure. (*Tout bas à*

Nicaise.) Laisse-moi faire ; n' remue pas ta langue ; j' va parler pour toi ; n' bouge pas.

NICAISE *portant son doigt sur sa bouche.*

Oh ! oui ; *motus* ; je n' soufflerai mot ; vous s'rez mon défenseu' officiel.....

Dame BUDELOT *à Nicaise.*

Eh ! pourquoi vas-tu t'habiller sans m'en avertir ? ne t'avais-je pas dit que rien n'était encore décidé ?

NICAISE *parlant très-haut et très-vîte.*

Mais, vous saviez ben, maman, q' mon habit d' nôces était fait, puisque c'est d'vant vous qu'on m'en avait pris la mesure....

Pierre Rousseau veut toujours parler ; Nicaise l'en empêche toujours.

Dame BUDELOT *avec dépit.*

Et que je l'ai payé, qui pis est !.. dépense inutile, au surplus, il faut le serrer ; il servira plus tard.

NICAISE.

Comment? vous changez comme ça d' volonté comme une girouette, parlant par respect! c'est i' honnête, ça? c'est i' décent, pour eune femme d'âge?

Dame BUDELOT *encore plus fâchée.*

Une femme d'âge ! une femme d'âge ! voilà qui est bien ;... une femme d'âge réfléchit, et la réflexion lui fait éviter une sottise, à une femme d'âge !

NICAISE.

Eune sottise ! ah ben ! v'là un tour, par exemple! quoi ! c'est eune sottise d'épouser mam'selle Bastienne? (*A Pierre Rousseau.*) Mais parlez donc pour moi, vous ! vous voyez ben que j' me r'tiens....

Dame BUDELOT.

Qu'il parle pour toi, lui ? oh! que nenni ; il n'épouse pas la querelle d'une bête....

NICAISE.

Eh ben, j' vous r'marcie, maman; c'est i' là mon bouquet d' noces?

Dame BUDELOT *montrant Pierre Rousseau.*

Monsieur Rousseau est un trop grand personnage pour nous autres! tout l'esprit est dans sa famille; il croirait se mésallier!.... il garde le silence; nous ne valons pas la peine qu'il nous réponde.... (*Avec beaucoup de dépit.*) Eh bien, monsieur mon voisin, je vous déclare, moi, que, tout spirituel qu'on est chez vous, je préfère encore la bonhomie de mon fils.

PIERRE ROUSSEAU *les bras croisés.*

(*A part.*) V'là l' dépit qui s'en mêle!

Dame BUDELOT *le prenant par le bras.*

Il y a quelquefois de l'avantage à n'être qu'un sot, mon voisin.....

PIERRE ROUSSEAU *d'un grand sang froid.*

Ben obligé, ma voisine.... (*A part.*) Alle enrage.

Dame BUDELOT *avec un sourire mêlé d'amertume et d'ironie.*

Air nouveau.

Trop d'esprit agite la vie
Et trouble la tranquillité;
Trop d'esprit nuit à la santé,
Et souvent cause maladie....
Voisin, vous vous portez au mieux!....

PIERRE ROUSSEAU.

C'est q' mon méd'cin, j' pense, est le vôtre;

Dame BUDELOT.

Craignez ce mal si dangereux!....

PIERRE ROUSSEAU *plaisamment.*

Voisine!

Nous n'en mourrons ni l'un ni l'autre. (*bis.*)

(*A part.*) Alle veut m' gouailler; mais j' li rends la monnaie d' sa pièce....

Dame BUDELOT *d'un ton encore plus piqué.*

Voyez un grave personnage
Passer pour avoir tant d'esprit!
Il ne dort pas; il dépérit;
Il meurt à la fleur de son âge.... (*Elle le fixe.*)

Voisin!

Vous vivrez plus long-tems que moi!...
Quel bon coloris est le vôtre!

PIERRE ROUSSEAU *la fixant à son tour.*

Voisine!

Pus j' vous examine, et pus j' croi
Q' nous vivrons long-tems l'un et l'autre. (*bis.*)

Dame BUDELOT *à part.*

Il entend la plaisanterie, pourtant.

NICAISE *se tournant des deux côtés.*

Ah! ça, voyons donc; est-ce que tout ça va s' terminer par des complimens dans c' goût là? *me mari-je ti, où n' me mari-je ti pas?*

PIERRE ROUSSEAU.

J' crois, mon bon ami, q' tu n' te *mari-je pas.*

SCÈNE VIII.

LES PRÉCÉDENS, le Père ANTOINE, *Aveugle,* UN JEUNE ENFANT *le conduisant.*

NICAISE.

Ah! v'là not'pratique, c' pauvre aveugle qui fait sa ronde! j' parie c'est la noce qui l' fait v'nir... i' va m' souhaiter toute sorte d' bénédictions; c'est ben la peine!

Le Père ANTOINE et LE JEUNE ENFANT *en Duo.*

Air nouveau.

Un pauvre aveugle implore vos secours!
Les tems sont durs; la saison, rigoureuse!...
Son existence, à la fin de ses jours,
Ne doit qu'à vous d'être moins malheureuse! (*bis.*)

Ciel! de ce couple agréez les sermens!....
Ah! bénissez ces époux charitables!
Grâce à leurs soins, que leurs heureux enfans
Sachent comme eux soulager leurs semblables! (*bis*.

NICAISE.

N' l'avais-j' ti pas ben dit, moi, q' nos pauvres alliont v'nir nous donner des bénédictions l' jour d' nos nôces?.... Eh! ben, ma mère?... est-ce que vous f'rez mentir c' pauv' *père Antoine*, qui n'a jamais menti?

Dame BUDELOT *avec embarras.*

Il ne tient encore qu'à Monsieur (*montrant Pierre Rousseau*) que l'aveugle ait dit la vérité.... (*A part.*) Je n'en aurai pas le démenti.......

NICAISE *à Pierre Rousseau.*

Quoi! c'est d' vous q'ça dépend, monsieur Pierre?..

PIERRE ROUSSEAU.

Moi, j'y ai donné mon consent'ment tout d'abord... et j'y tope encore d' tout mon cœur. Oh! j' n'ai ni deux paroles, ni deux visages.

NICAISE *à Dame Budelot.*

Vous l'entendez ma mère.... (*A part.*) Gnia là d'sous queuq' anicroche, que je n' comprenons pas ben....

PIERRE ROUSSEAU *d'un ton doux, mais ironique.*

Faut lâcher l' mot; ta mère que v'là, veut faire deux nôces à-la-fois..... alle se lasse d'êt' veuve..... et..... (*Il hésite.*)

NICAISE *interdit.*

Et?...

PIERRE ROUSSEAU *à Dame Budelot.*

Faut-i' qu'i' sache ça, ma voisine?

Dame BUDELOT.

Dites, dites tout ce qu'il vous plaira... je ne rougis pas d'aimer un honnête homme, tout ridicule et tout insolent qu'il peut être....

PIERRE ROUSSEAU *la saluant.*

Grand marci... (*A Nicaise.*) Et.... madame.... madame que v'là.... madame vot' mère.... qui traite les autres d'insolens et d' ridicules, parce qu'elle n'a jamais d' ridicules, elle, et qu'alle est toujours ben polie... tout en s' lassant d'êt' veuve, s' lasse aussi de m' voir veuf... C'est-i' clair, ça?

NICAISE.

Et vous, vous en lassez-vous?

PIERRE ROUSSEAU *plaisamment.*

Non, je n' m'en lasse pas t'encore, et v'là l' malheur; quoiq' vot' maman, monsieur Nicaise, soit un morceau ben tentant....

NICAISE.

Ah! j' vois c' que c'est.... (*A l'oreille de Pierre Rousseau.*) C'est qu'al' vous aime; eh ben, not' papa, ça prouve qu'alle a bon goût.... Bah! j' vous en prie! épousez-la, puisque ça li fait plaisir; vous avez baillé vot' consent'ment pour mon mariage avec vot' fille; et moi, en échange, j' vous baille l' mien pour vot' mariage avec ma mère.... Là, c'est ti' honnête, ça?

PIERRE ROUSSEAU *lui ôtant son chapeau.*

Vous êtes ben honnête, j' t'assure....

Dame BUDELOT *s'en allant.*

Eh bien! c'est là tout ce qu'on décide? oh! moi, je rentre à la maison; il fait trop froid pour rester sur cette place à se morfondre....

PIERRE ROUSSEAU *s'en allant aussi.*

Tout comme qu' i' vous plaira, ma voisine.... ben l' bon soir; mes complimens cheux vous....

NICAISE *les retenant l'un après l'autre par le bras.*

Et vous m' laisserez comme ça, incertain, quand v'là mon habit de nôces su' mon dos?.. Allons, parlez-vous un p'tit brin, et faites la paix...

PIERRE ROUSSEAU.

La paix ! je n' sommes pas brouillés....

Dame BUDELOT.

Il ne tient qu'à vous de me le prouver....

PIERRE ROUSSEAU. (*Il s'en va.*)

A' c' prix là, ça n' se peut pas en conscience; c'est trop cher.

Dame BUDELOT *s'en allant aussi.*

En ce cas là, Nicaise, il n'y a rien de fait, et ton habit servira plus tard....

NICAISE *en colère.*

Ah! c'est com' ça qu'on m' ballotte !... Eh ben ! c't habit n' sarvira pas si tard que vous l' pensez... (*Il le défait avec précipitation et reste en veste.*) i' s'ra utile à queuq'z'un ; et tout du moins, mon argent n' s'ra pas perdu, là....

Dame BUDELOT *s'arrêtant avec surprise.*

Que va-t-il faire ?

PIERRE ROUSSEAU.

Quoi t'est-ce qu'i' s' propose ? voyons donc.

NICAISE *allant à l'aveugle.*

Père Antoine ! vous êtes ben mal vêtu ; i' fait ben froid pour un vieillard comm' vous.... t'nez, v'là un habit q' j'ons fait faire exprès pour ma nôce... Mais ma nôce est finie... et j' sommes en état d'en avoir d'autres... Mettez c't habit-là ; je l' voulons et j' vous l'ordonnons... *Il le laisse entre les mains de l'enfant.* (*A part.*) Si j' le r'prends, j' veux ben que l' diable s'en mêle... Oh ! j'ons du caractère, allez....

Le Père ANTOINE.

Mais, mon bon monsieur Nicaise ! un habit de nôces, c'est trop beau pour moi !...

NICAISE.

Vous l' vendrez, vous l' changerez, vous en f'rez

tout c' que vous voudrez... Je n' veux pus en entend' parler; v'là qu'est fini ; ça vous portera bonheur.

SCÈNE IX et dernière.

LES PRÉCÉDENS, BASTIENNE *endimanchée.*

(*Ici l'aveugle s'asseoit sur un banc.*)

BASTIENNE *appercevant Nicaise en veste.*

QUE vois-je ? Nicaise sans habit !... Voilà un joli costume pour se marier !

PIERRE ROUSSEAU *en riant.*

Un joli costume ? ma fille, ça n'est pas l' pus mauvais, ni l' moins commode....

NICAISE *offrant son bouquet à Bastienne.*

(*Tristement.*) Mam'selle ! v'là z'un bouquet qui vous était destiné.... pour c' ti' là, i' faut ben qu'i prenne l' même chemin q' mon cœur, c'est-à-dire, qu'i' parvienne à son adresse... Prenez-le, j' vous en prie... c'est en attendant mieux, mam'selle... ça n'est pas d' ma faute, si maman, que v'là, a changé d'idée tout d'un coup ; mais faut espérer qu' ça n' durera pas ! (*Il soupire.*) C'est l'espérance qui nous soutient, mam'selle !... et, quant à mon bieau habit d' nôces, c'est l' pauvre aveugle q' vous voyez, qu'en est à présent l' propriétaire... ça n'aurait sarvi qu'à me parer, ça l' garantira du froid, c' pauvre père, et j' sens ben à mon cœur que j' n'en aurai pas moins chaud pour ça...

PIERRE ROUSSEAU.

Et moi, j' n'en aurons ni pus d' tristesse, ni moins d' jovialité.... et j' n'en f'rons pas moins mes quatre repas par jour, sans compter les p'tits r'venants bons... (*A Nicaise.*) Adieu, mon enfant ; adieu, mon p'tit Nicaise ; adieu, mon bijou !... (*Il lui donne un petit soufflet.*)

NICAISE *en pleurant.*

Adieu, papa Rousseau; bon appétit.

PIERRE ROUSSEAU.

Eh ben, tu pleures! t'as tort, mon garçon; faut savoir se roidir cont' le malheur, faut êt' farme comme un rocher...

NICAISE *le regardant bêtement.*

Comme un rocher, papa Rousseau? c'est ben dur, ça, quand on connaît mam'selle Bastienne...

BASTIENNE *le cajolant.*

Ne t'inquiète de rien; ton bon cœur aura sa récompense...

Le Père ANTOINE *se levant et allant à Nicaise.*

Ne vous affligez donc pas comme ça, mon bon monsieur Nicaise. Quand on est généreux comme vous, on trouve en soi la consolation de tous les chagrins de la vie.

NICAISE *en pleurant.*

C'est ben dit, père Antoine, mais dans vot' jeunesse, est c' que vous n' pleuriez jamais, vous?

Le Père ANTOINE *gaîment.*

Jamais, jamais; bien au contraire, j'étais toujours dansant, chantant, riant, batifolant, d'une humeur charmante; j'ai pris mon parti sur tout; et loin que le malheur m'épouvante, c'est moi qui fais peur au malheur... Tenez, j' veux vous égayer, c'est bien le moins que je vous doive pour toutes vos générosités... Donnez-moi la main, s'il vous plaît:

(*Il lui prend la main et chante.*)

Air nouveau.

J'aime à rire, j'aime à faire
Un peu de bien par-ci par-là;
La gaîté m'est nécessaire,
Je ne peux vivre sans cela.
Toujours d'une humeur gaillerette,
Toujours disant la chansonnette;...

Du peu que j'ai, sans me gêner en rien,
Un plus malheureux s'alimente.
Sans chanter, si l'on fait le bien,
On le fait mieux quand on chante.
Tralla, déralla, etc. (*bis.*)

(Il chante toute la ritournelle, avec l'enfant qui danse avec lui, et l'aide à faire danser Nicaise, qui chante aussi la ritournelle en pleurant.)

Quand j'étais dans mon jeune âge,
Vif et galant près d'un tendron,
Pour faire aimer mon langage,
Je débitais une chanson.
Puis avec moi, près de la belle,
L'amour faisait la ritournelle ;
A la beauté le chagrin ne vaut rien,
La gaîté la rend plus piquante....
Sans chanter, si l'on aime bien,
On aime mieux quand on chante. (*bis.*)

BASTIENNE *vivement.*

Le repas de nôces était tout prêt ; nous le donnerons aux pauvres, et le père Antoine en sera chargé ; y consentez-vous, mon père ?

PIERRE ROUSSEAU.

C'est ben, c'est fort ben, mes enfans ; c't emploi là, q' vous faites des préparatifs d' vos nôces, est ben s'lon mon goût ; et j'y joindrons queuq' pistoles que j'avions réservées dans un p'tit coin pour vous faire un présent.... C'est pour le coup q' les malheureux d'not' village pourront dire avec nous, *qu'à queuq' chose malheur est bon... (Il prend Bastienne par la main.)* Allons, rentrons, mon enfant !... sarviteur, dame Budelot !... (*A Nicaise.*) Citoyen Nicaise, j' te promets qu'on ne s' mariera pas cheux nous sans ton consentement.... C'est dit....

Dame BUDELOT *les arrêtant.*

Halte-là, s'il vous plaît. Il ne sera pas dit que moi toute seule j'empêcherai le bonheur de ces deux enfans-là.... Et, quand nos pauvres sont vêtus et nourris par votre famille et la mienne, il est clair qu'aucun mariage ne saurait être mieux assorti que le vôtre......

Allons, mes enfans ; excusez une folie passagère....
Quelle femme au monde n'a pas ses instans de faiblesse?

VAUDEVILLE.

Air nouveau.

PIERRE ROUSSEAU *à dame Budelot.*

V'là nos deux enfans tout près
De s' marier, et sans apprêts.
Si l'on exige d' la parure,
Pour mieux former ce doux lien ;
La plus conforme à la nature
Est le penchant qui fait du bien. (*bis.*)

Dame BUDELOT *à Pierre Rousseau.*

Embrassons-nous de bon cœur ;

(*Ils s'embrassent.*)

Sans rancune et point d'humeur....
En vous parlant de mariage,
J'ai cru ne vous blesser en rien ;...
Mais j'avais rêvé qu'à tout âge
Un peu d'amour nous fait du bien. (*bis.*)

NICAISE.

Sans habit dans ces tems-ci,
On n'étouff' pas, dieu merci !
Mais quand d' l'hiver et d' la froidure
On garantit un citoyen,
La saison n' paraît jamais dure ;
A toujours chaud, qui fait du bien ! (*bis.*)

Le Père ANTOINE.

Quiconque est aveugle et vieux,
Est doublement malheureux !
Mais mon sort a pour moi des charmes,
Quand de ces yeux, qui ne voient rien,
Il peut s'échapper quelques larmes
Pour payer ceux qui font du bien ! (*bis.*)

BASTIENNE *au Public.*

Des spectateurs indulgens,
Accueilli depuis long-tems,
L'Auteur de cette bagatelle,
En vérité, n'y prétend rien....
Peu de talent, beaucoup de zèle ;
Le mal s'excuse par le bien.

FIN.

www.ingramcontent.com/pod-product-compliance
Lightning Source LLC
LaVergne TN
LVHW012015160826
845678LV00002B/849
* 9 7 8 2 3 2 9 6 6 5 7 9 5 *